Oráculo para personas altamente sensibles © Grete Stars, 2023
ISBN 9788411744591

Impresión y editorial: BoD – Books on Demand
info@bod.com.es - www.bod.com.es
Impreso en Alemania – Printed in Germany

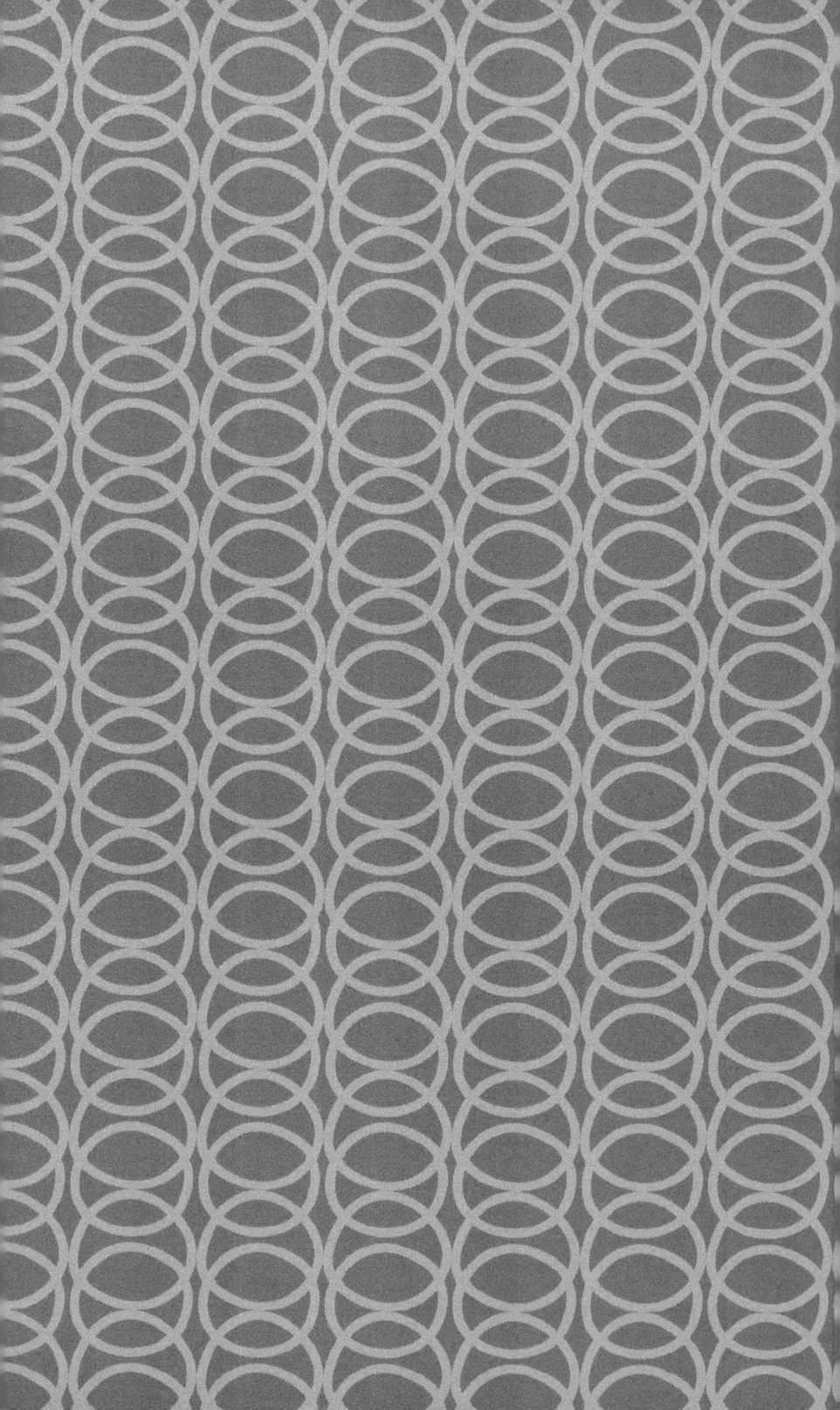

ORÁCULO 🔮

para

personas

altamente

sensibles

Para una persona altamente sensible, la existencia puede ser en ocasiones abrumadora y confusa.

El Oráculo que tienes en tus manos ha sido creado expresamente para unir el Poder de tu sensibilidad, que es inmenso, al del Cosmos y la sabiduría de tu Ser interior. Los mensajes del Oráculo te mostrarán la luz que hará de tu vida un trayecto exitoso y sereno.

Llévalo contigo siempre y acude a él como a un viejo amigo que nunca te va a fallar, que siempre va a ser honesto, certero y sabio.

Aprovecha la luz de tu sensibilidad para, con la ayuda del Oráculo, iluminar tu sendero.

Una vida maravillosa te espera.

¿Cómo usar este Oráculo?

Se ofrecen dos sencillas maneras de extraer la sabiduría del Oráculo.

Ambas comienzan con un momento de reflexión y calma en la que se formula una pregunta. Respira profundamente y procede a realizar una de estas dos acciones:

· Coge el libro y abre al azar cualquiera de sus páginas. La respuesta estará ante ti.

· Abre el libro por la siguiente página y con los ojos cerrados deja que tu dedo seleccione un número, después dirígete a la página con ese mismo número. La respuesta será mostrada.

37 29 2 31

15 11 22

8 5 40

33 17

28

25 12

14 26

19 36 39

No adaptes tu
maravillosa alma a
las costumbres de
los demás.
Sigue tu propia
llamada.

Puedes alcanzar
metas mucho
más altas.

Honra tu poder
infinito.

Tus palabras y
tus ideas pueden
cambiar el
mundo.

Adelante.

A veces es necesario cambiar de ruta para llegar a nuestro destino.

Es simple: solo haz que ocurra.

El momento no es propicio para actuar pero sí para recibir mensajes del pasado.

Estate atento.

Si quieres
mantener
el equilibrio,
pedalea
hacia delante.

*La vida
te dará
todo lo
que creas
merecer.*

8

La respuesta es
NO.

La Fortuna ayuda a los audaces.

Ama lo
que tienes que
hacer.
Si no, no lo
hagas.

Puedes sufrir
muchas derrotas,
mas no puedes
ser derrotado.

No lo olvides.

*Pisa fuerte y
dejarás huella.*

No tienes que ser
grande para
empezar.

Pero tienes que
empezar para
poder ser grande.

*Si el camino
es bello,
no preguntes a
dónde va.*

Hay un punto
de luz en cada
nube de tormenta.

Sólo tú
sabes cual es.

Si juzgas, no podrás amar.

Tus metas son
más grandes
que tus
miedos.

Solo los valientes se atreven a construir nuevos caminos.

Da el primer paso.

No puedes jugar
a ser dios,
sin conocer bien
al demonio.

Es tiempo
de reflexión.

El ruido
no hace bien.
El bien no
hace ruido.

Si puedes
soñarlo,
puedes
conseguirlo.

Adelante.

No es
conveniente
avanzar.

Lee las señales.

Si algo
del pasado ya no
está en el presente,
es por alguna
razón.

Algo mucho mejor
te espera.

No es solamente
querer,
es sobre todo
comprender.

Actúa sólo si
sientes que
cuando mires
atrás,
te llenarás
de gratitud.

No se sale
adelante
celebrando éxitos,
sino superando
fracasos.

Avanza a pesar de
las dificultades.

No.

Pon tu mirada en otra meta.

Si lo que quieres es tocar el cielo, deja de mirar el suelo.

Si no hay cambios, no hay mariposas.

No te preocupes
por cosas que no
han sucedido.

Es propicio

avanzar.

No todo lo que
parece ser, es.

Cautela

Hay una forma
de belleza en
la imperfección.

Tu poder ahora
es infinito.

El que no cree en
la magia,
nunca
la encontrará.

Cree.

No es momento
para decisiones
importantes.

Ahora debes
cuidar de ti.

Si perseveras consciente de la dificultad, conseguirás tu meta.

Hay conflicto
entre lo que piensas
y lo que sientes.

Reflexiona y
actúa en 3 días.

No debemos
forzar a otro a que
nos siga.
Debe venir
espontáneamente.

Una tranquila perseverancia traerá ventura.

39

*Avanza con
seguridad pero
sin destruir
alianzas.*

NOTAS

NOTAS